詹昭倫
八十五回顧展

歐豪年詩序

當年老棣共藝緣
書畫相從紀意專
今日龍鐘已老矣
天寬同禱振餘年

昭倫仁棣從余治畫多年，今且回顧個展，以其同年庚今八十五歲，彼此投老，仍期勉力以赴。

已亥中秋天寬樓主人 **歐豪年**

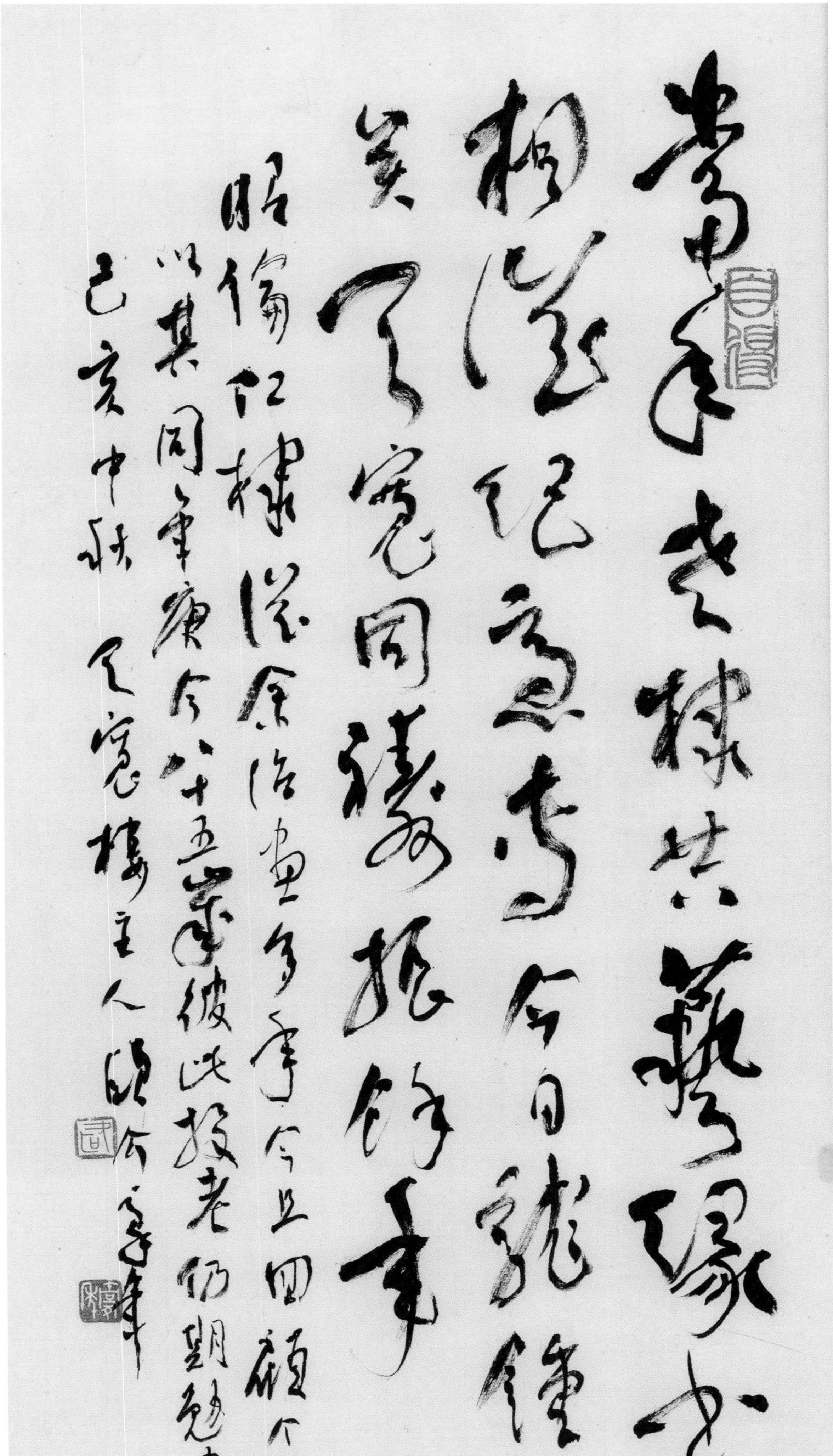

天寬同棣振餘年～歐豪年提詩
2019
34×66.5

自序

我1935年出生台灣雲林祖籍福建龍溪。祖父帶父親來台經商。

1955年雲林虎尾高農畢業。與農科普考得中等第二名。又與農特考得唯一優等第一名。考院乃派至中央氣象局工作，服務36年退休。

公餘至台大習法律，1961年考取司法官高等檢考，再考取師大國文系習中文。著有「詩餘殺聲牌調考」由師大出版社出版。

師大畢業，興趣又變，進黃君璧、李金玉之美術班習畫。3年後，找到教傳統花鳥的好老師徐谷庵教授。李奇茂稱徐老師早年從南京美專美術科第一名畢業；當時，全中國好老師都在南京美專。難怪，徐老師的作品都高人一等！我笨慢飛，接受10年的魔鬼訓練，期間單調又無趣。現在覺得很值得，受益良多，謝謝老師，感恩不盡！

之後，我拜歐豪年教授習畫，長約15年。學了嶺南派的色彩透視學，各種畫的佈局，歐老師的畫，樣樣精美！歐老師太強了，有人說：「500年一大千」我20年前授課時就對同學說，應該說：「三千年一豪年」才對。果然，歐老師越畫越好，書詩畫並臻，艷絕畫壇！諸同學有幸附鳳尾而高升，托北辰而耀光，榮幸之至！感恩之至！天寬厚愛，壽比南山，洪福綿長！

2019年冬 詹昭倫

寫於八十五回顧展前夕

詹昭倫於聯展與自己作品合影

與歐豪年老師合影

第一次與恩師歐豪年戶外畫畫

中座太老師趙少昂，左三歐豪年老師，右一詹昭倫

介紹文

得知詹昭倫大師即將於中正紀念堂舉行八秩晉五回顧展，對摯友此次盛大展出，甚為高興並樂意受邀寫點感言。

憶起詹師之結識是本人十餘年前於國父紀念館館長任內，詹師他所參加之「壬戌畫會」每年均會在館內舉辦聯展，每次本人都得為開幕講上二句。而講前會先繞一週展場，看看作品。打從第一次看到詹師瀟灑的作品，幾近歐豪年大師之作品，深得其精髓，印象尤為深刻。

歷近二、三年後每每觀賞、碰面，而更熟識，因詹師的爽朗談吐，漸而投機。嗣後假日有閒暇就順道拜訪詹師淡水畫室，參觀他教學示範，品茶閒聊，看他作畫專注飄逸迅捷，實非數十年功力莫為也。

詹師早年入黃君璧、李金玉之美術班習畫 3 年，之後拜徐谷庵教授習花鳥，而後拜歐豪年大師習山水，深入嶺南派精萃，夙夜匪懈的磨練，方有今日作品成就的匯集。詹師之作品使人感受無比的瀟脫，不禁使人精神抖擻，而他創作之極品即將展示於大眾眼前了。

本人特前往祝賀並將邀集同好或好友同去鑑賞，近年來藝壇難得之空前大展，本人除祝詹師展出成功，並祝好友們身體健康。

前國父紀念館館長 張瑞濱 謹誌

繼而工畫於山水，落筆驚世而不苟名於時

藹然仁師從黃君璧、歐豪年、徐谷菴、李金玉等師學畫達三十載，而教授國畫亦達三十載，國有藝則其地之明暗、畫之忠邪、書之是非得失，善可法惡可戒，昭昭於後世。以其畫體周贍，無適弗該，出入窮奇，縱黃逸筆，力道韻雅，超邁絕倫。

故《畫禪室隨筆》云：「書法雖貴藏鋒，然不得以模糊為藏鋒，須有用筆，如太阿蔵截之意。蓋以勁利取勢，以虛和取韻。」而師所繪山有四方體貌景物各異、敦厚而廣博，景則質而水淳、又或秀且乃華盛。又川峽而峭拔，聳而嶮峻，山聳而水多江湖，所繪諸山闊墁多阜、林木氣重而水窄，峰氣魄大感動得人，實為上品之作。

協師渡東瀛甚獲佳評，雖貴為第一而不以為意，此所謂夫大仁者，愛近以及遠，及其有所不諧，則虧小仁以就大仁。體制不凡，跨邁流欲，時有合作，往往出人點畫之間，另其繪水邦山閣之類，但加隱士內樂猶若如師形，知南北之風不同、深宜分別諸山四時之色，如春山豔冶如笑、夏山蒼翠如滴、秋山明淨如洗、冬山慘淡如睡，四時之氣象全然表現於意上也。

詹師天性豁達，而顯見其畫風亦如此，夫水者有緩急淺深，此為大體也。有山上水曰涀，涀謂出於丘陵。山下有水曰潺，潺謂其文溶緩。山澗間有水曰湍湍，而漱石者謂之湧泉。巖石間有水潗潑而仰沸者謂之噴泉。見畫如見人，所謂畫品同人品，師於書無所不讀，於天下事無不理會，究極義理精微，身體力行，惓惓斯世，不為矯飾，宜乎有此高風亮節之末後光明，以彪炳宇宙，照耀人寰，植立華人藝壇之元氣也。

儒墨堂／國際策展人 敬筆

學生祝福詞

詹老師常說：藝術是富有變化而美，比真得更美。是「意境」不是「實景」。其作畫構圖嚴謹，彼此間比例合宜。運筆舒巧無滯；施墨賦彩，兩者相參得彰。留白自然，畫面空濛虛幻；境界幽遠。國畫是中國的文化，古人作畫更有籍物述志之說。

吳桂英

跟詹老師學畫是一個因緣，當時老師已七十歲，而今老師已八十有五了。

我非常慶幸能遇到一位頂尖的好老師。不只藝術造詣高超，國學涵養更是少人能敵。他的畫作更是絕頂；空靈飄渺、意境深幽。從他的畫中能夠體悟宇宙人生的大道理；無論是身教、言教對我啟發良多，是我的老師；更是益智的大導師。

老師在習畫的過程中幽默、風趣、平易近人，跟他學習沒有壓力。老師也熱中公益，捐畫義賣不遺餘力。

詹老師的畫藝，及諸位國畫大師之精粹；運筆率逸、筆墨生輝，構圖嚴謹，是位不可多得的國畫大師。佛法難聞今已聞；名師難遇今已遇，何其有幸！都讓我遇上了！

詹老師　我很高興能當您的學生，也感恩您的教導！

學生　釋明賢　合十

詹老師的繪畫藝術來自觀察。觀察動植物的生長、姿態，它的花、果、枝葉甚至於根莖的各種變化。老師勤於寫生，用心觀察大自然中每一生物的現象；為作畫的根本。不拘泥固定的形式；自創立內心的章法。深淺濃淡均隨自然的變幻。

詹老師的畫——隨意落筆，不刻意於法則；但卻妙趣天成。

鄭麗鎔

詹老師的創作思維，予人意境開闊、靈氣迴蕩、虛無飄渺；有時又有那種氣勢磅礴。

老師的「梅、蘭、竹、菊、松、樹、石」更是一絕。怎麼搭配怎麼好看。這都是老師經過歲月的琢磨，經驗的累積與紮實的基本功及藝術家的執著，要求完美的特性；才有這些精美無瑕的創作。

詹老師有著超強的記憶，對往事如數家珍。跟老師上課是一件愉快的事。我們邊上課邊話家常；談歷史、天文、地理，有時更說時事與世界新聞。他更教導我們如何欣賞畫作以及文學的進修，使我們滋潤心靈，美化人生。

學生　張桂鳳

目錄

三、怡情舒懷

一、高風亮節

疏影高致自有清芬

2017

72×76

不經一番寒徹骨，那來撲鼻梅花香

2017　44×68

國香
2006
34×70

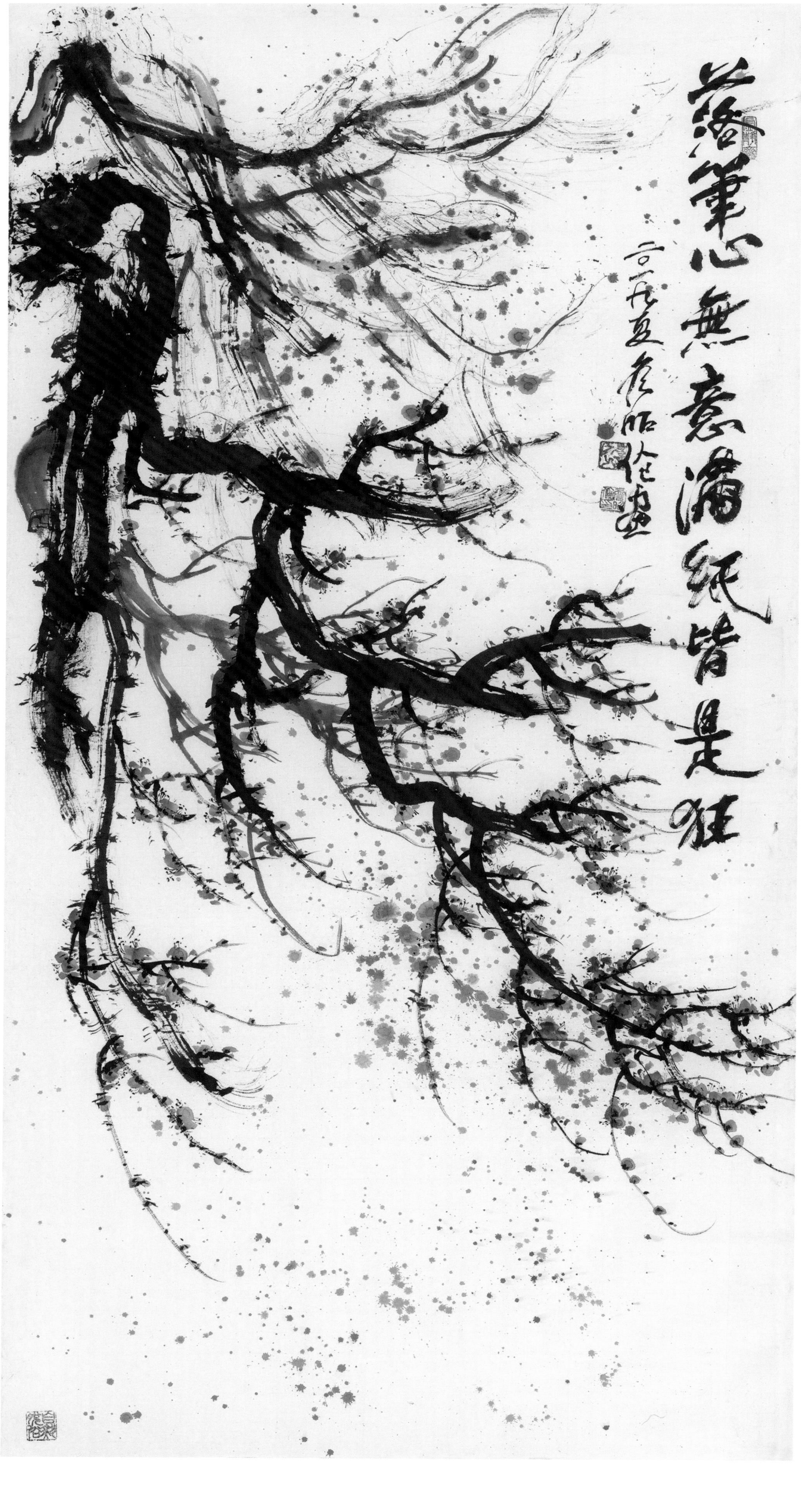

落筆心無意滿紙皆是狂
2019
76×140

盛梅訴情

1996

70×135

江山寄隱逸・高標自清芬

2016

35×77

梅花樹下也芬芳

2016

35×70

疏影橫斜水清淺，暗香浮動月黃昏

2019　77×142

人間處處有芳菲

2008

72×76

空谷幽蘭

2016

72×76

王者之香
2017
31×60

親蘭竹
2017
76×140

芝蘭美秀

2017

77×142

蘭竹一家親

2019

70×133

蘭竹一家親

二○一九春養慈昭佐畫

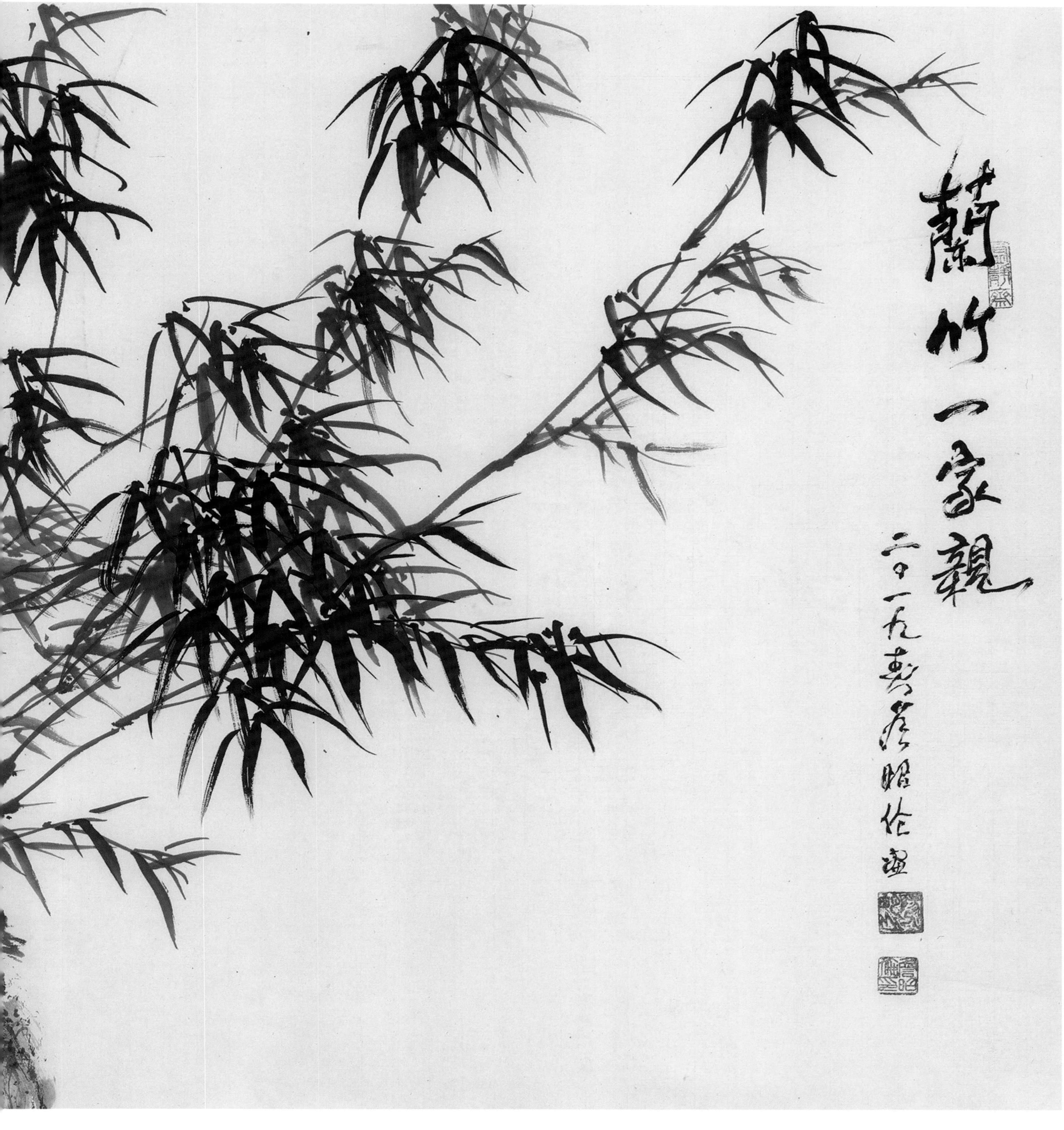

人間處處有芳菲
2019
70×138

萬壽菊
2008
48×97

初學之菊
1978
47×109

秋艷

2018

72×76

東籬佳色吐幽香
2019
76×140

很好的墨菊

2001　46.5×58.5

大壽

2017

32×76.5

菊花墨寶
1990
40.5×34.5

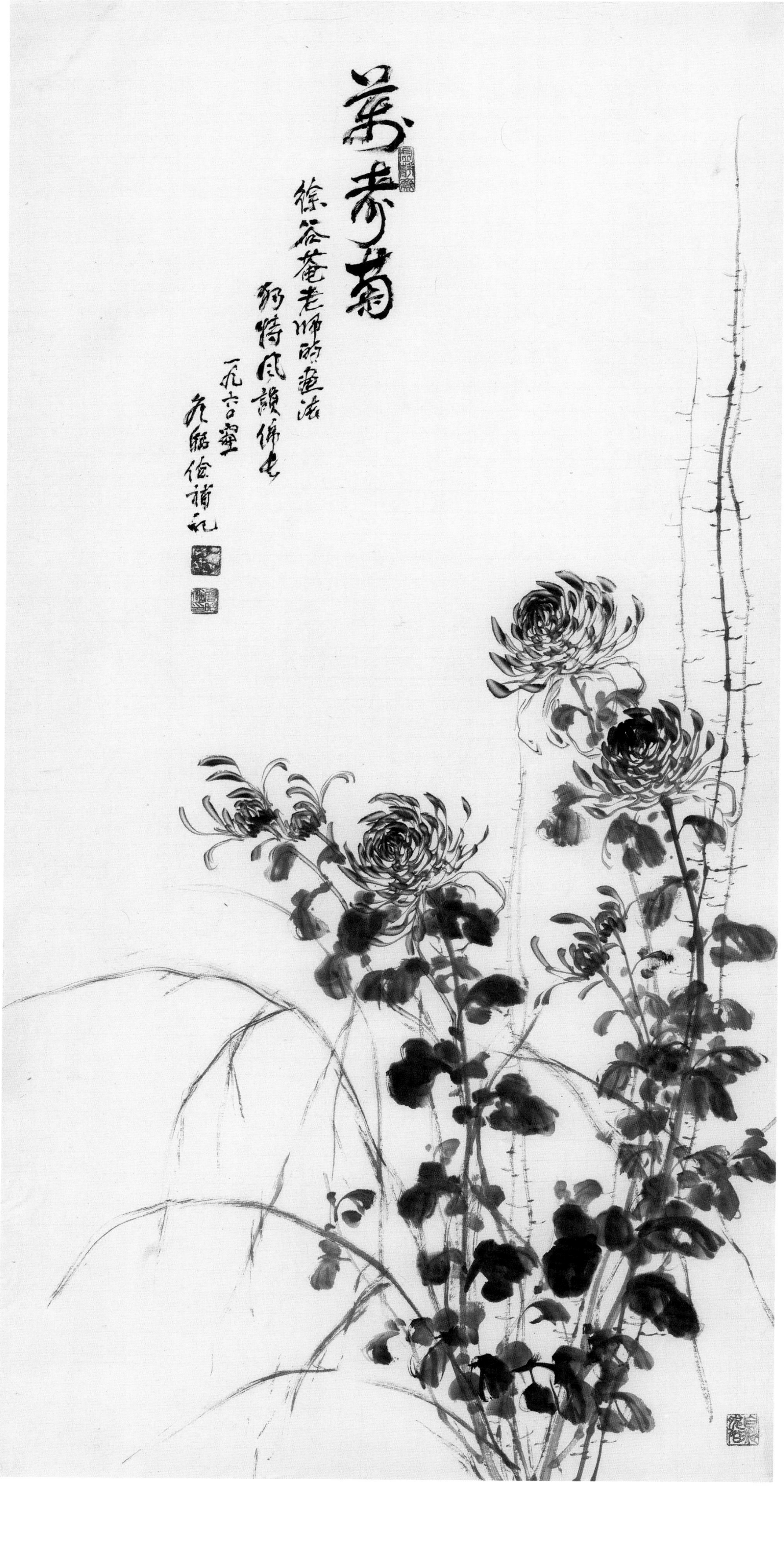

萬壽菊

1960

71×137.5

清雲六籬茂佳色散花枝
載詠菊山句逃懷不自持

庚辰初夏參照臨作於港九大勇街28號

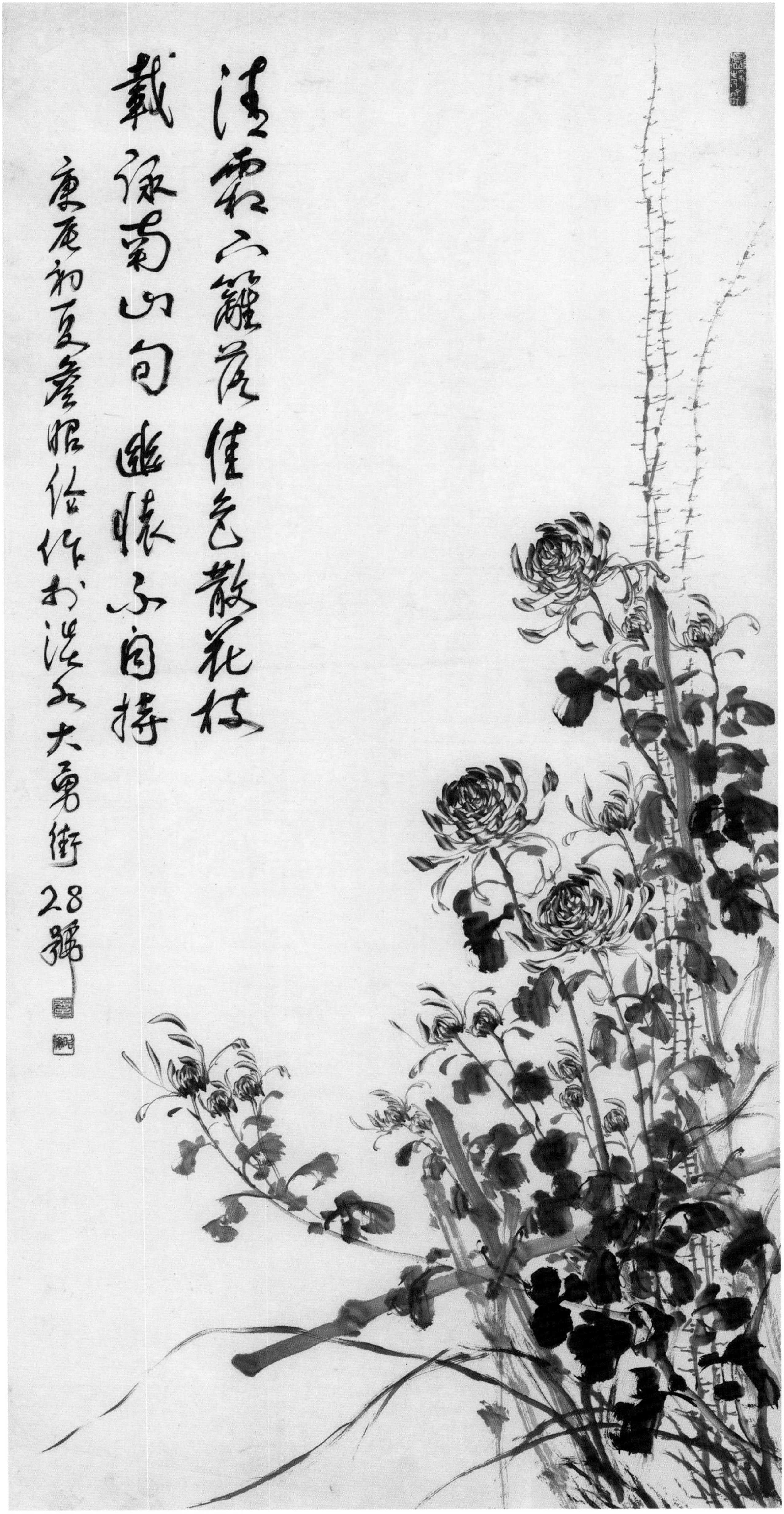

菊花佳色
69×138

採菊東籬下悠然見南山
2019
71×138.5

三徑就荒，松菊猶存。

1996

136×70

高節
2019
47×76

蘭吐幽香竹弄姿

2019

46×76

節節高升
2018
49×80

歲寒三友金蘭義結於淡水

2019　76×140

清風明月照九州
2019

種德種壽種春風如在夢中

2019

76×140

節節高升
2019
76×140

歲寒三友
2019
76×140

蘭吐幽香竹弄姿
2019
76×140

雙清圖
2019
71×139

一枝獨秀

2019

71×138.5

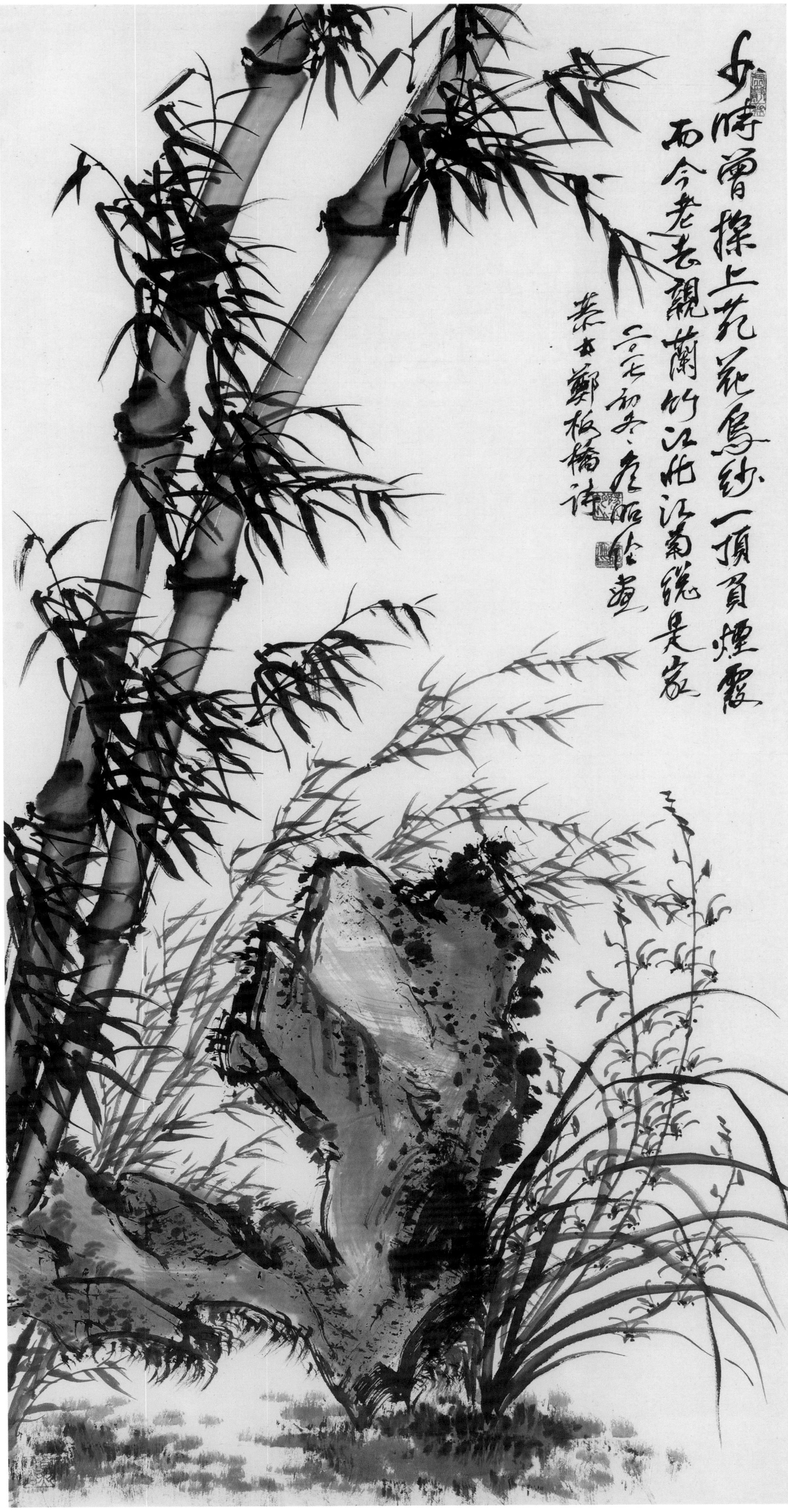
少時曾操上苑花烏紗一頂貢煙霞
而今老去親蘭竹江北江南總是家
恭書鄭板橋詩

親蘭竹

2017

70×137

未出土先有節至凌宵處更虛心

2017　77×142

親蘭竹

2017

70×136.5

雙清圖

2019

70.5×137.5

高風亮節

2019

71×137

高風亮節
2019
70×137

勁風拂蘭香遠播
2019
70.5×138

高節幽姿伴芳菲
2019
70.5×138.5

高風亮節傲視千古

2019

73×140

高風亮節
1996
69×136

二、山水林間

氣壯山河

1980

140×75

錦繡河山

1986

140×75

黃山美景

1992

140×75

江雪漁簑圖

72×140

嵐氣遠颸菁山家

59×95

江雪
群峰
丁丑
春月
昭倫

長江三峽好風光

江雪群峰

58×140

長江三峽好風光

1990

65×120

雁蕩山勝境

1995

65×120

秋水宜人
一九九二秋

平疇日下耕初歇

35×87

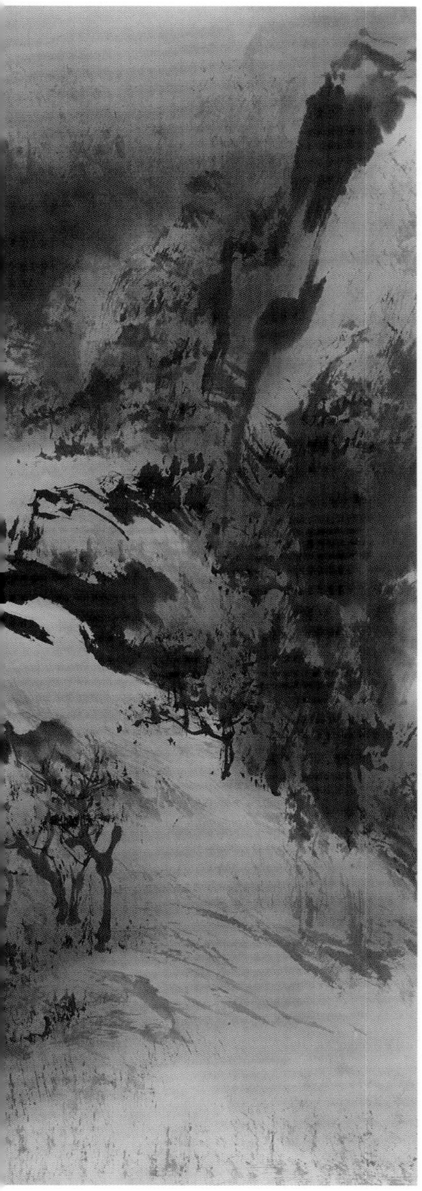

秋水宜人

1992

65×120

築堂隱谷
82×31

桂林山水甲天下
1989
79×140

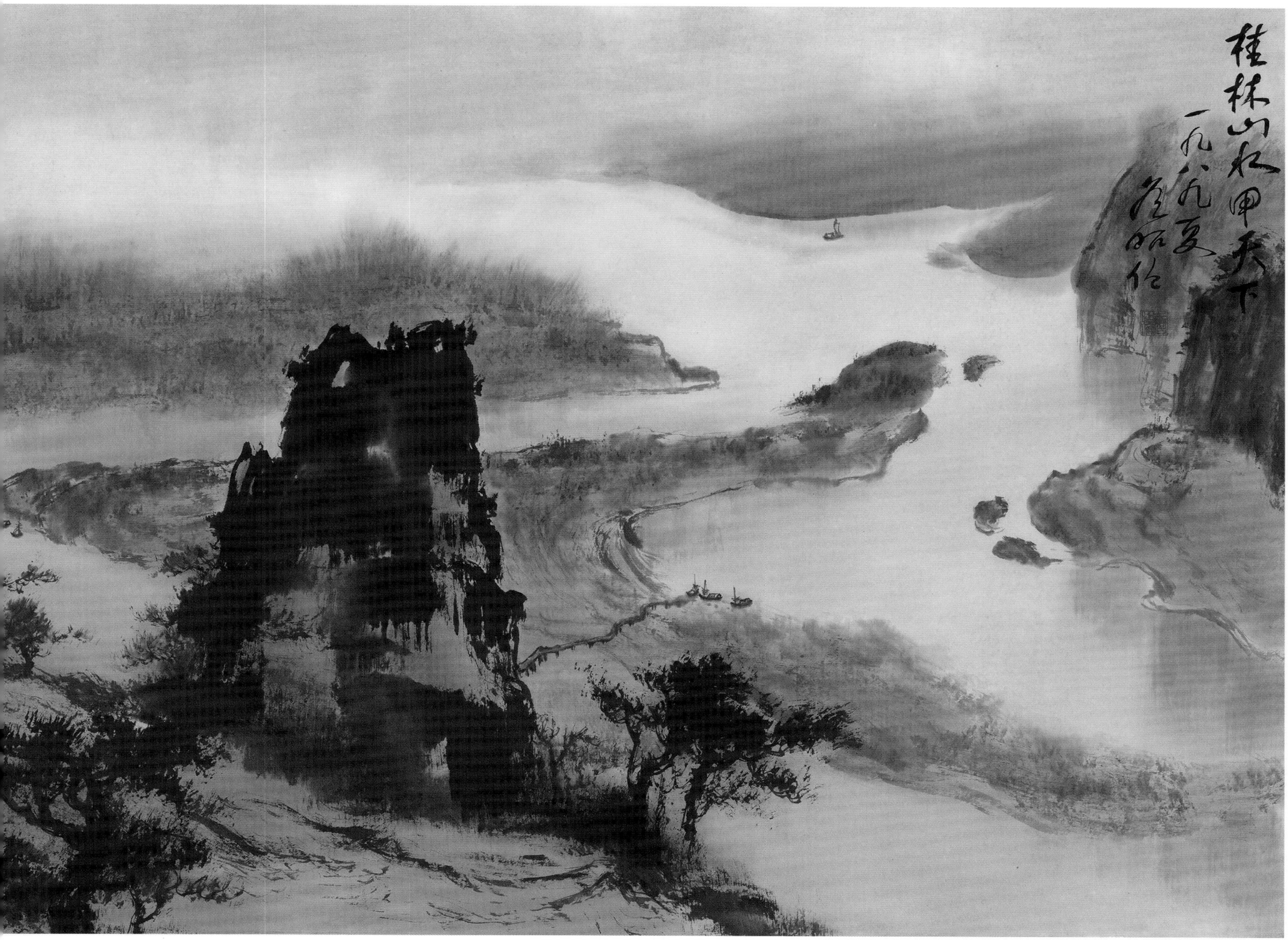
桂林山水甲天下

瀑布

1960

37×101

磐立千仞無欲則剛
2018
76×140

張家界秋色
1992
24×120

雪山行旅圖

1990

74×137

雪山行旅圖
一九九〇冬

黃山流雲最為美麗
1990
74×188

台灣陽明山公園好景觀
1989
74×137

山高水長

2019

75×141

觀音山遠眺
一九六九年 昭作

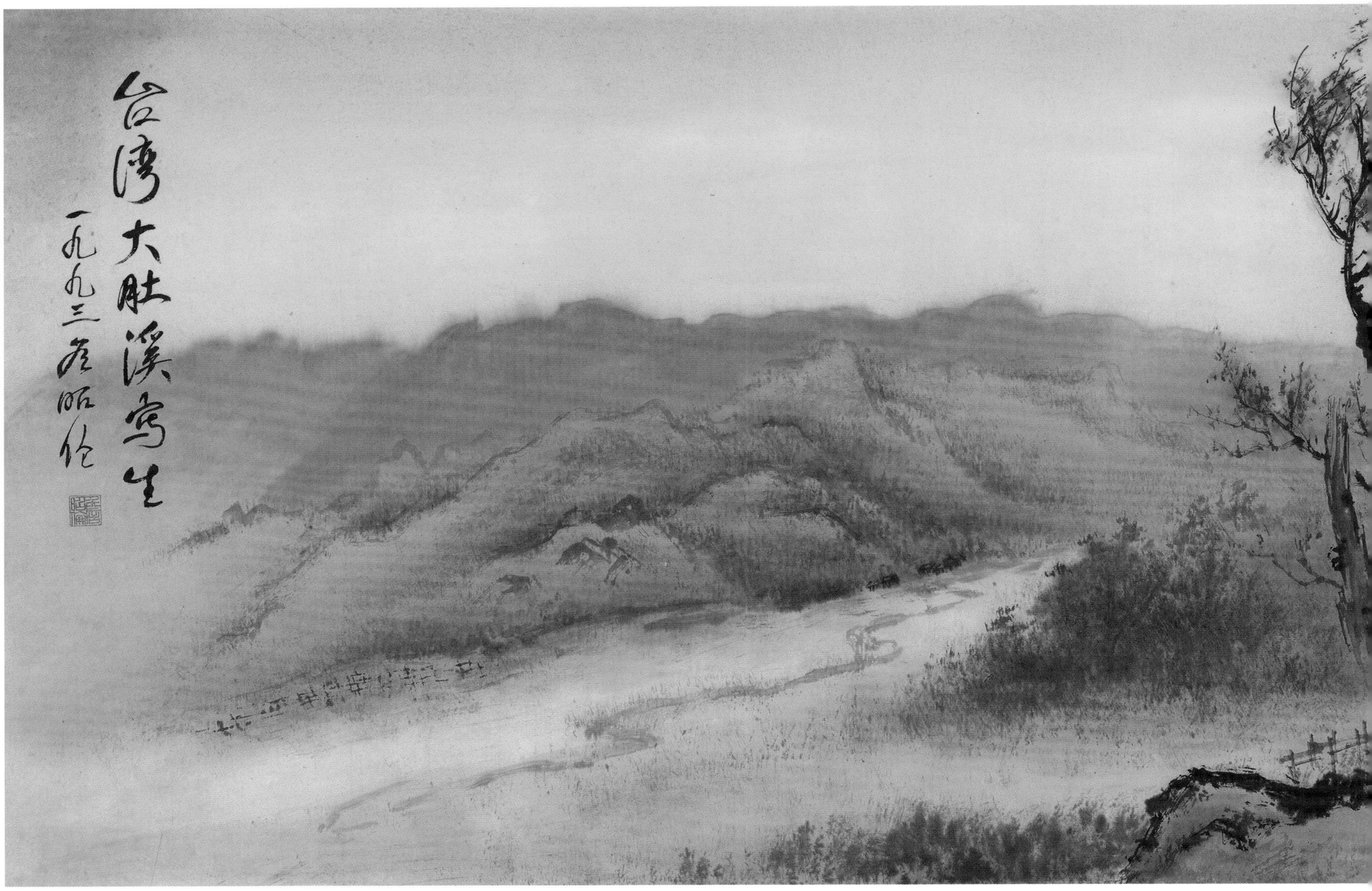
台灣大肚溪寫生
一九九三年 昭作

觀音山遠眺
1969
128×60

台灣大肚溪寫生
1993
62×122

黄山勝景

1992

98×180.5

磅礡瀑布
1990
47×40

山水家園

1998

40×49.5

夢幻般的美麗山河

1998

32×85

雪山圖

1990

30.5×90

樂山圖

1991

30×84.5

萬里江山萬里長

漓江勝景

萬里江山萬里長
1998
147×39

漓江勝景
1993
95×63

山高水長
2006
96×54

觀音山夕陽
1991
66×123

黃山的雲，好看極了。

1996

140×47

豐收賦歸夕陽照

58.5×94.5

氣壯山河

139.5×75

黄山遠眺

140×76

黃山遠眺
壬申年夏月遊後昵倫畫

老松迎客，眼底浮光

139.5×73.5

船家樂

141×40

象鼻岩
96.5×63

秋枫

1991

百壽圖
2019
76×140

百年靈芝·千年古柏

2019　76×140

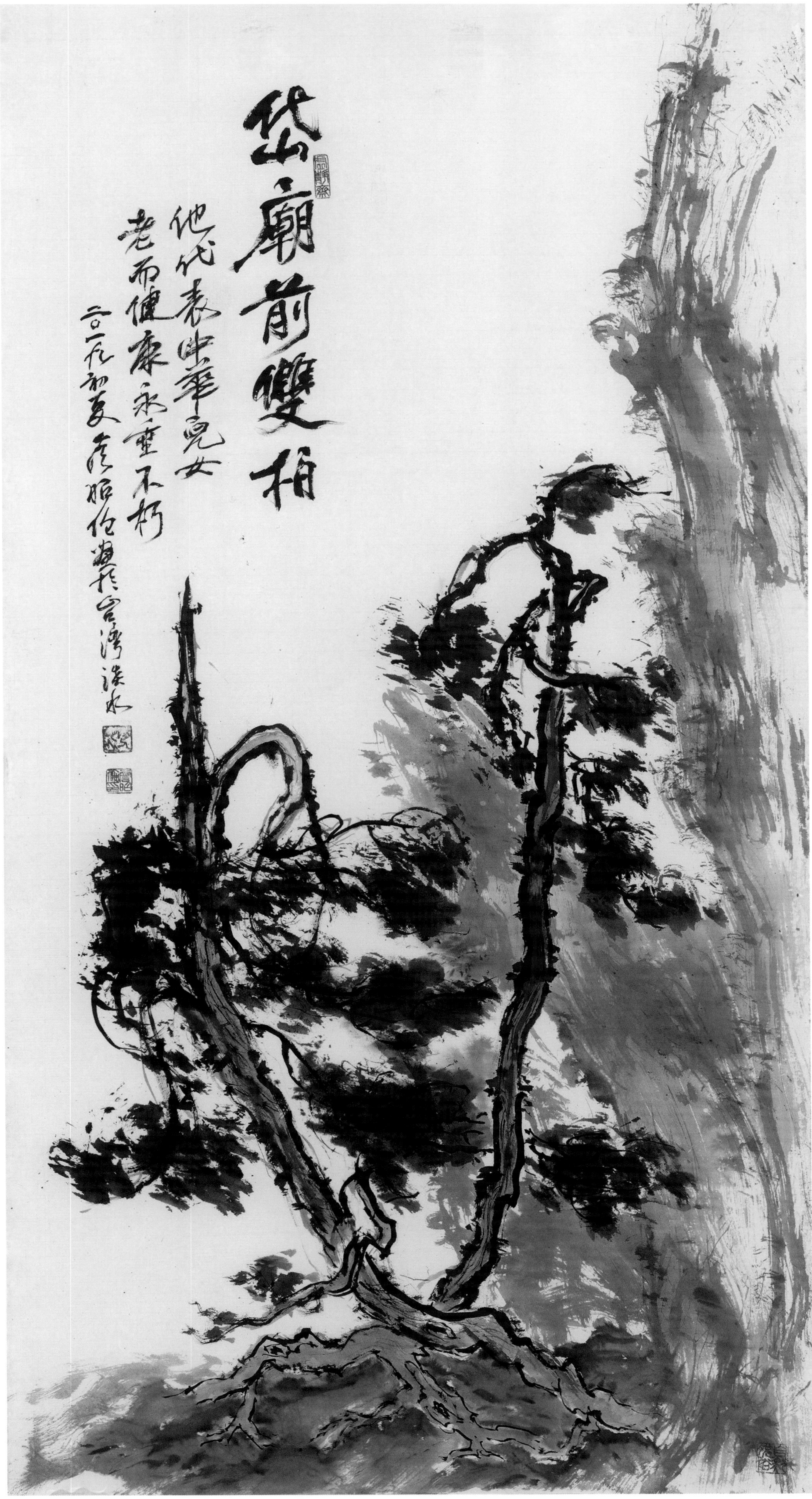

岱廟前雙柏
2019
76×140

松柏長青

2016

34.5×70

歲寒三友

2016

72×80

松柏長青
2019
76×143

松柏後凋於歲寒

2019

76×142

四大皆空頑石點頭

2019

70×137

松柏長青人長壽

2019

71×139

橋山黄帝陵的軒轅柏

76×140

松柏長青人長壽

2019

76×142

一片冰心照月明（月 & 樹）
141×74

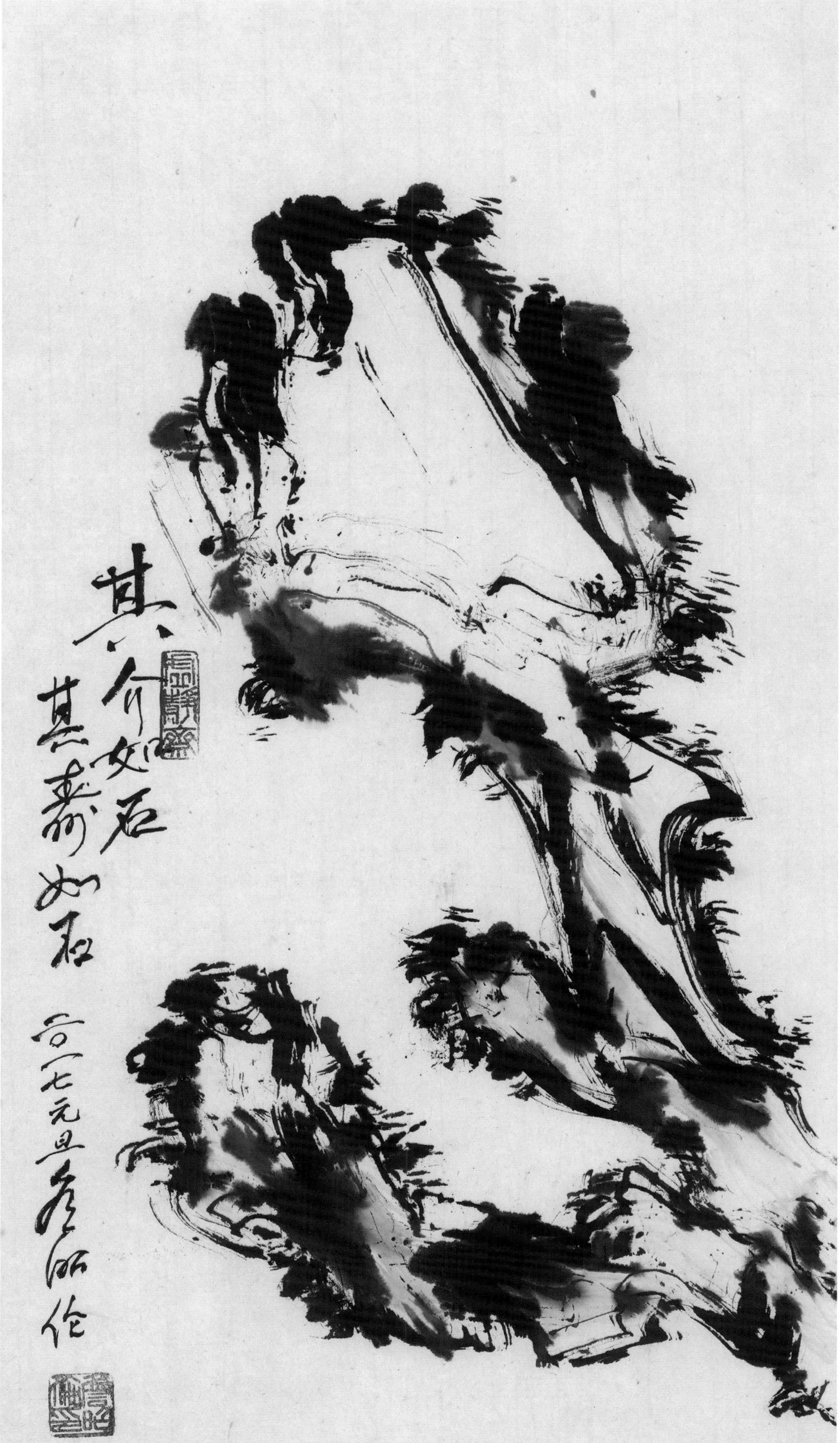

其介如石，其壽如石
2017
30×61

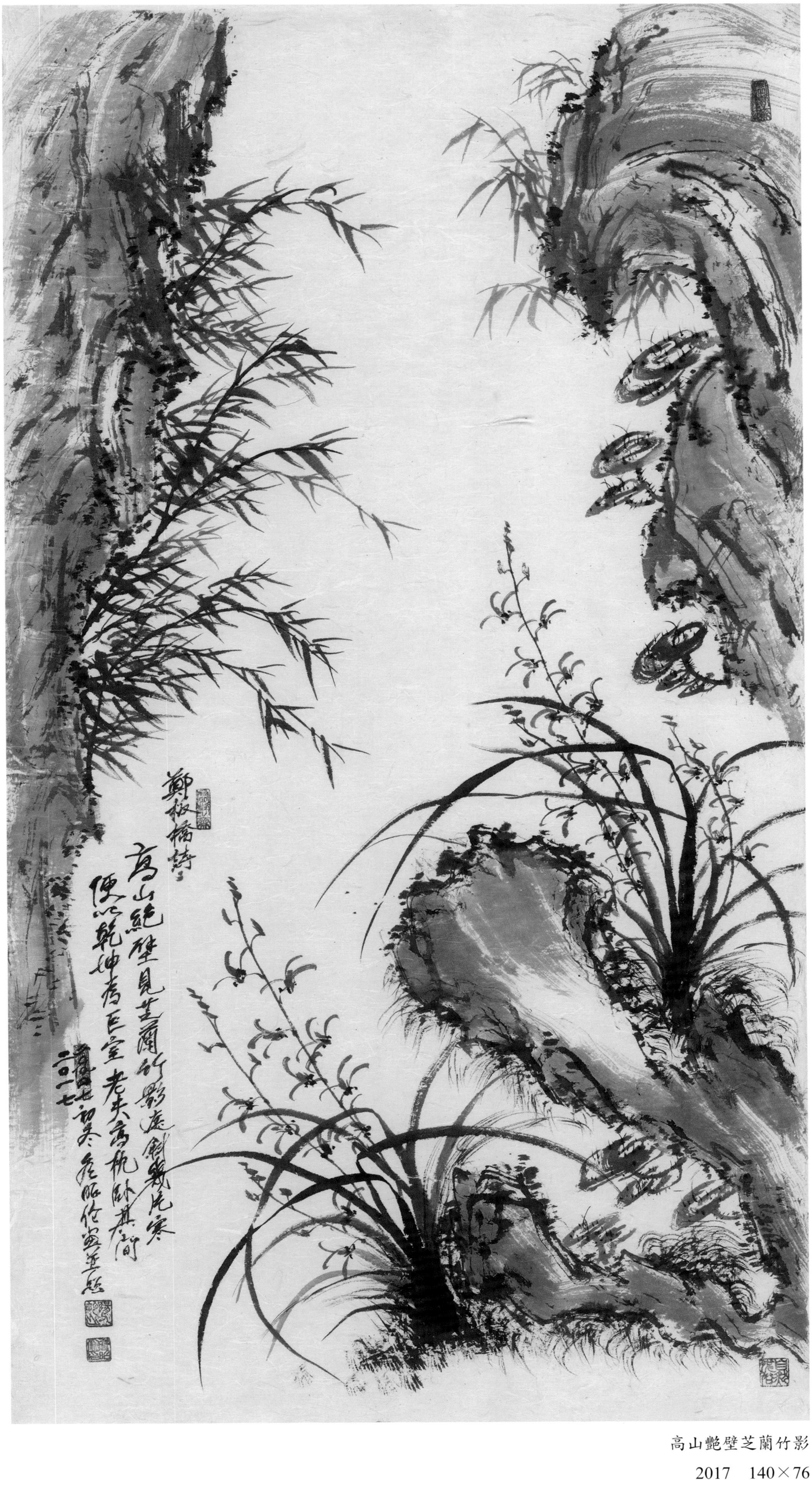

高山艷壁芝蘭竹影

2017　140×76

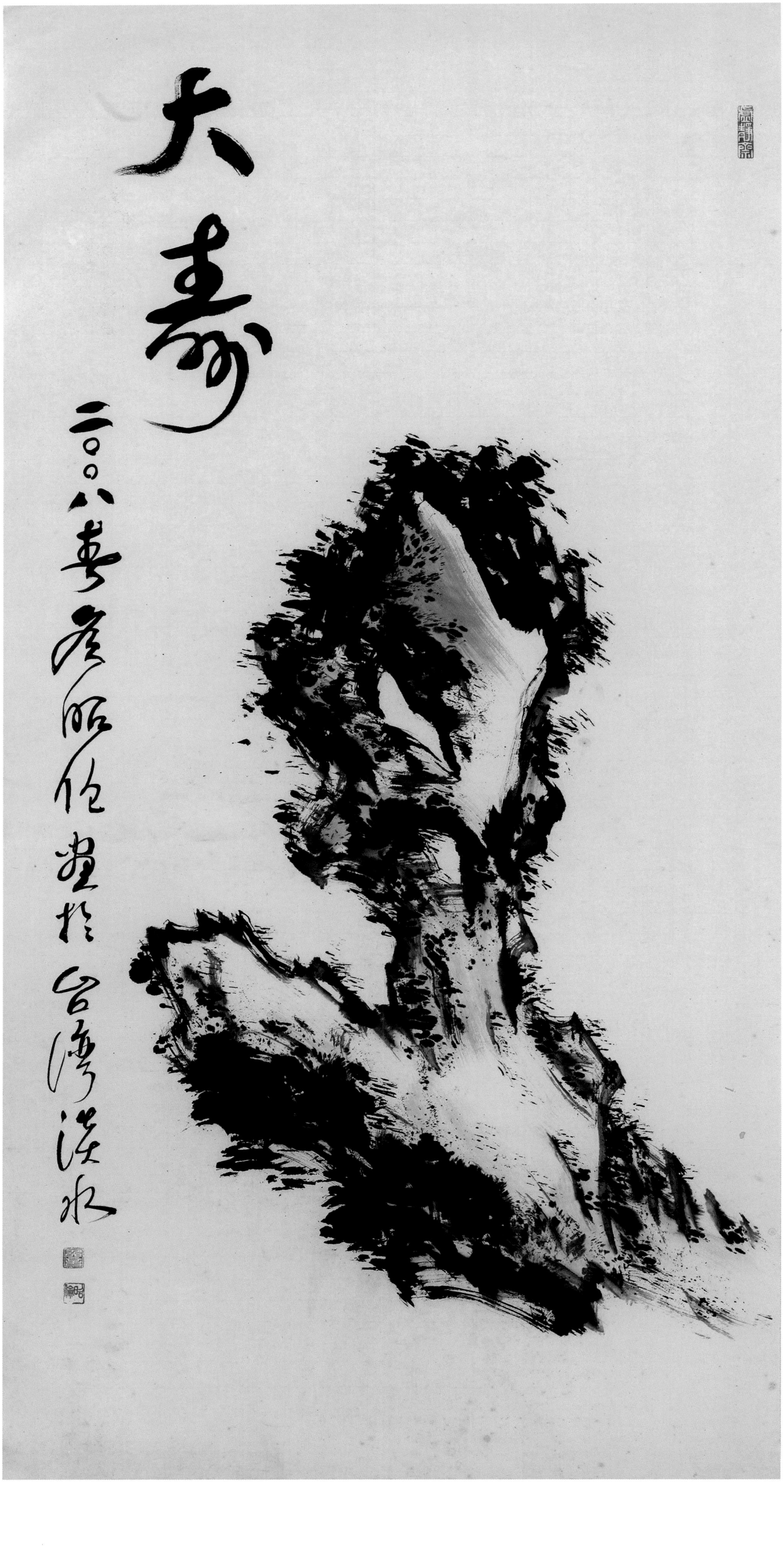

大壽

2008

70×145

壽石靈芝人長壽

2018

76×142

三、怡情舒懷

美麗的紫藤

1997

34×45

紫藤之美
1991
60×100

荷塘清趣圖

59×83

荷香千里

2016

70×70

荷花
1969
60×68

菜根香

1985

37×62

荷花與蜻蜓

1990　68×46

荷花

1989　47×76

菜根香

1960　42×70

冰清玉潔雪蓮花

2019　31×47

荷香千里
2019
76×140

夏荷

1996

100×63

蜻蜓戲蓮

1995

59×83

香遠益清（蓮）

2019

70.5×94

嶺南荷

1971

64×97

一花一世界一葉一如來
2016
72×76

荷香

2019

75.5×76.5

荷香千里
2019
70.5×139

荷香千里
2019
70×139.5

獨戰西風
2018
79×139.5

荷塘月色
2019
75.5×142

亭亭玉立出淤泥而不染
2019
69.5×139

蓮花蜻蜓

1989

49×36

大壽

2009

35×38.5

蜻蜓彩荷

1990 46×69

歲寒三友良宵應醉
2017
74.5×139

高士圖（冬）
1990
65×120

枫林晚坐

1989

136×69

故鄉的田野
1984
50×126

賞梅圖
1991
140×76

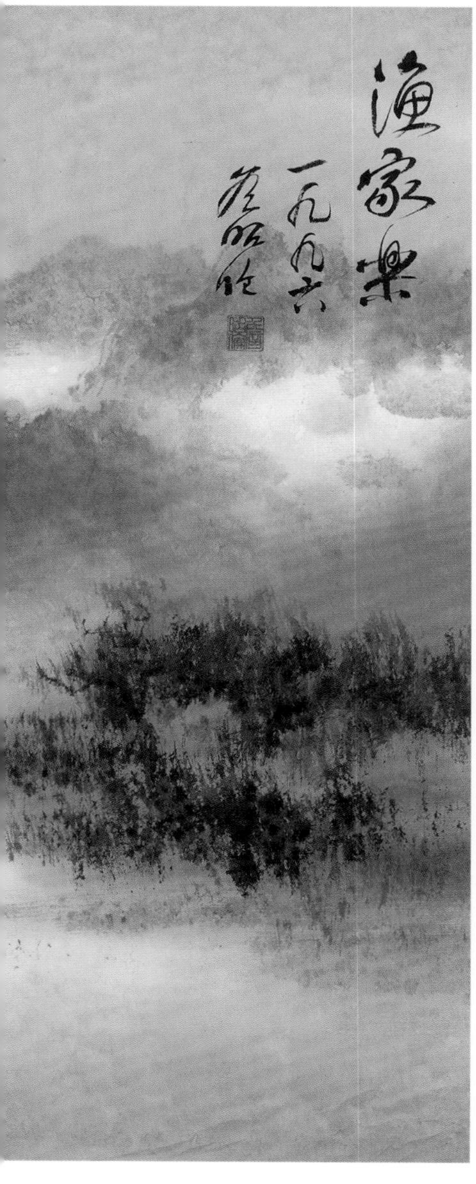

漁家樂
1996
136×69

桃花源

2001

40×47.5

五十年來最大雪災

2008

69×135

黄山松老月明瑞雪飄飄

2018　77×142

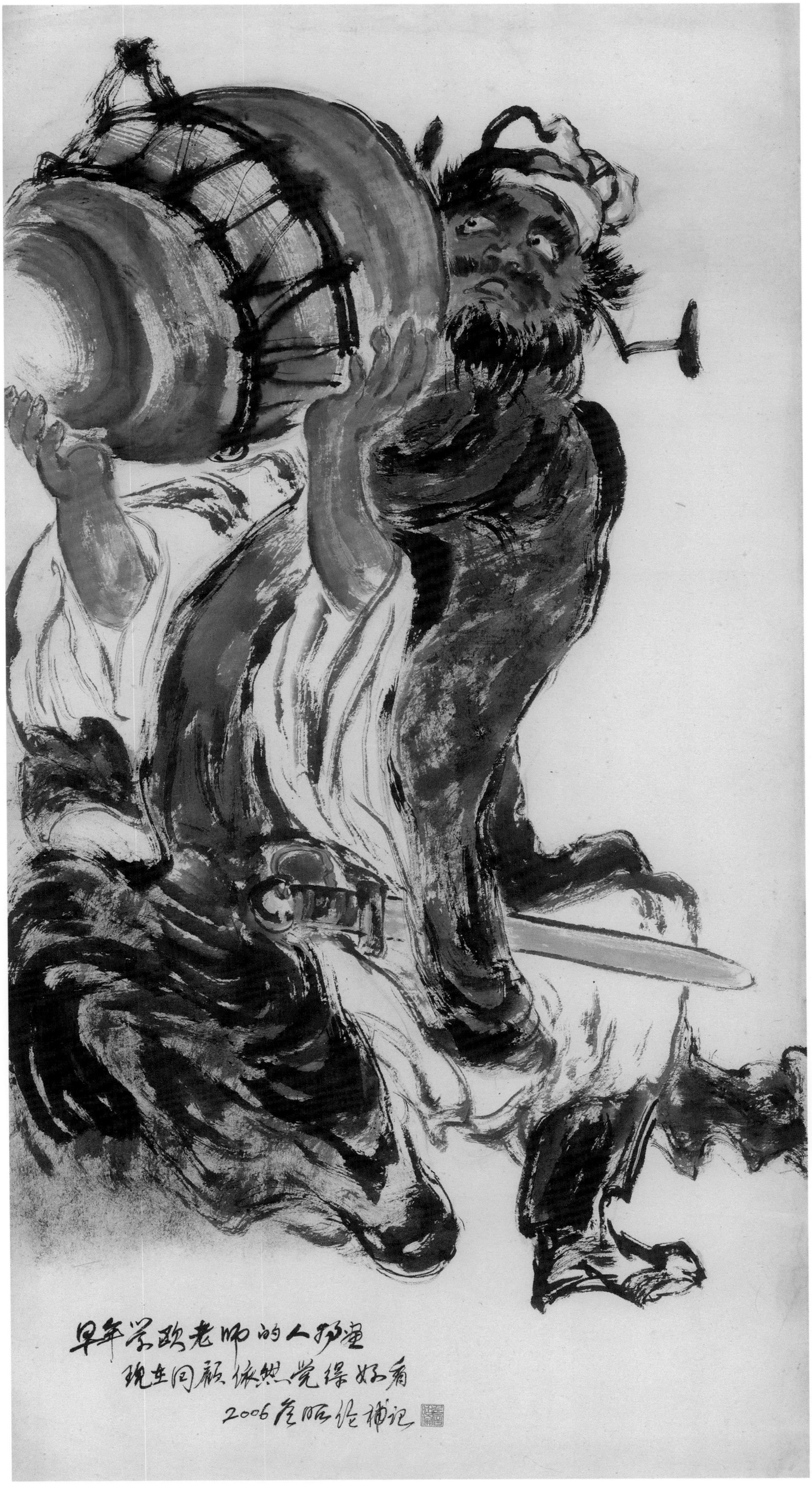
早年学欧老师的人物画
现在回顾依然觉得好看
2006 詹昭伦补记

鍾馗「醉過醉過」
2006
75×143

竹山多隱士，一竿在手

2019　76×141

黄昏歸鳥

2017

40×37

漁家樂

1976

96×62

柳艇（信筆墨成更好看）
2008
67.5×68

竹溪漁釣圖
1997
55×110

四、有趣天地

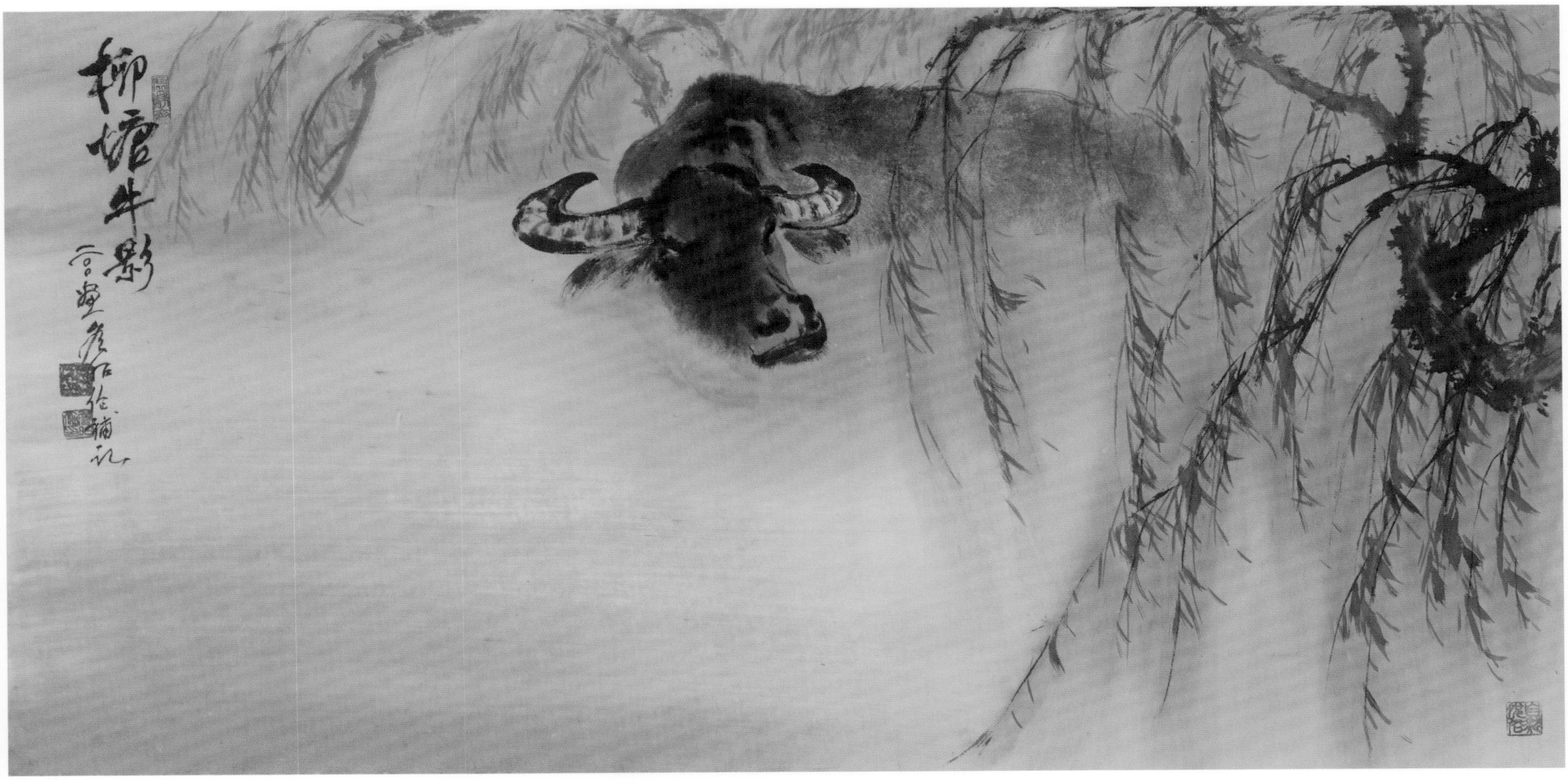

柳塘牛影

2001

75×100

志在九霄（鷹）

1959

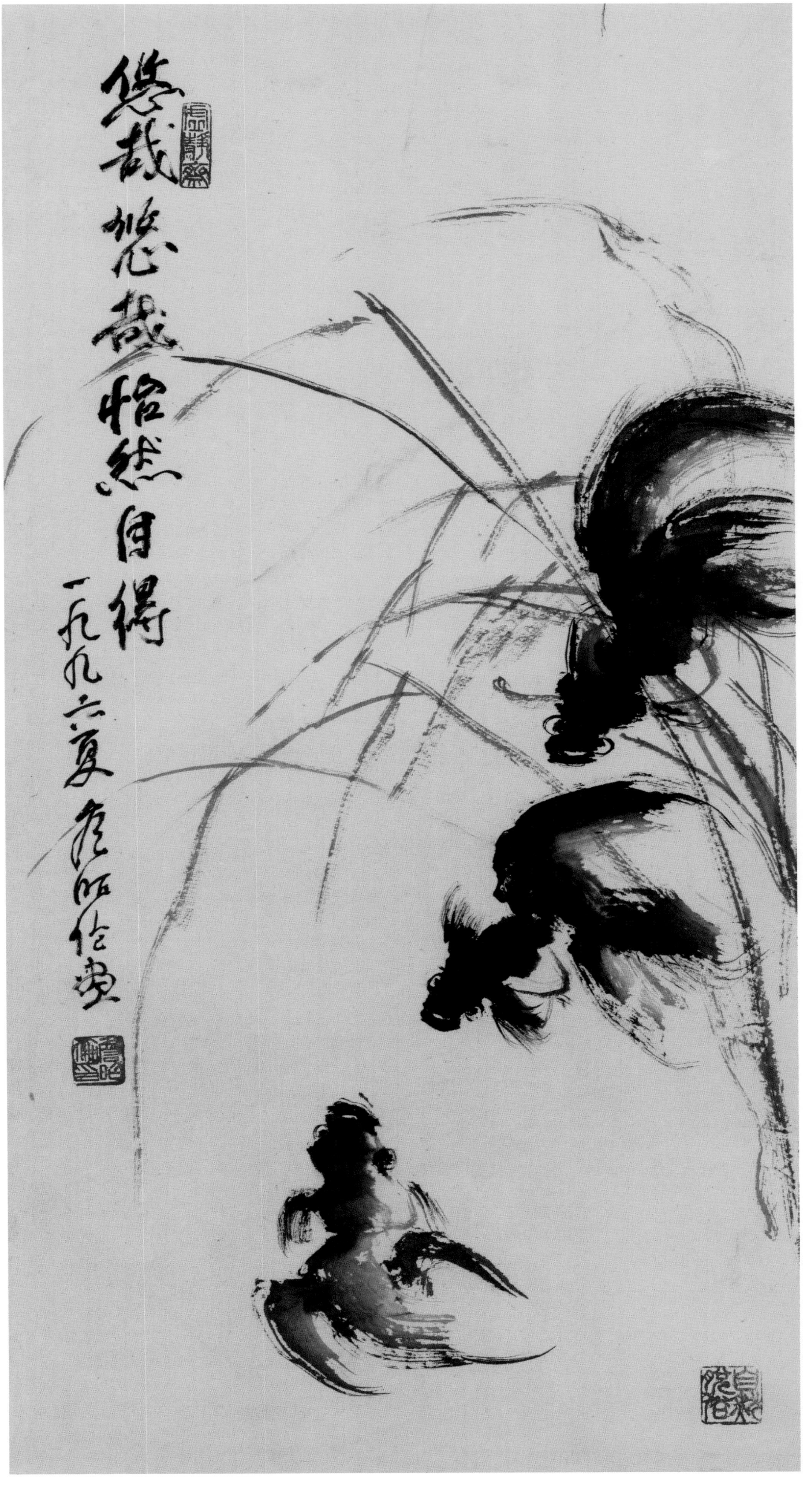

悠哉悠哉怡然自得

1996

群雁圖

1992

59×83

鷹準出風塵

62×95

白鷺鷥悠閒水草間
59×83

飼雛圖

47×72

文鳥
83×29

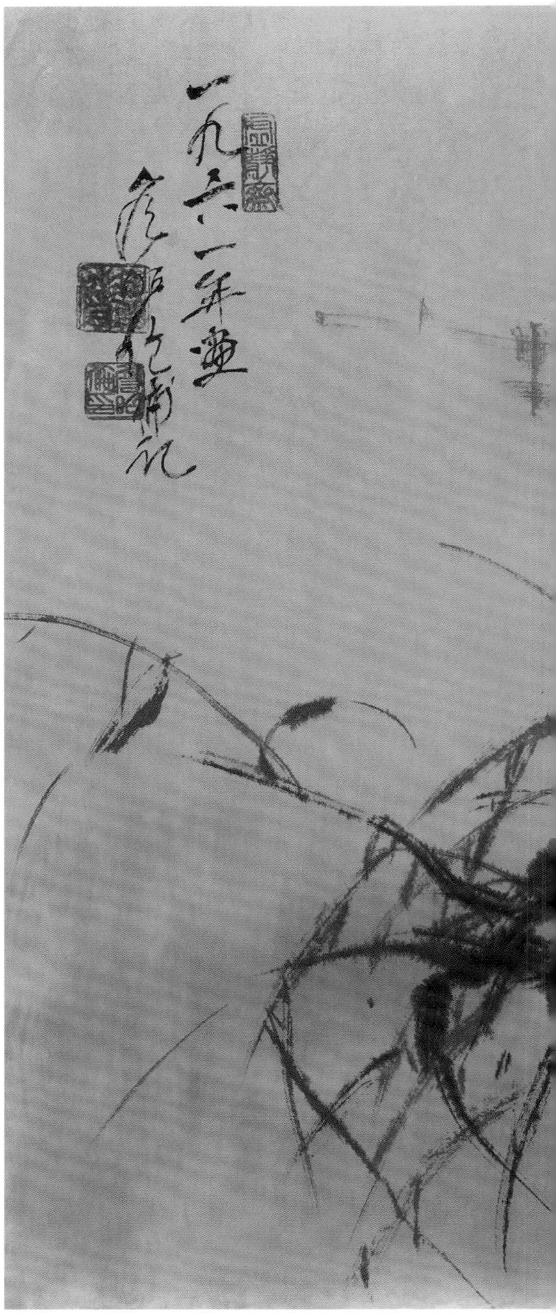

群鴨
1961
55×102

可愛的老虎

1965

59×84

春天的燕子來了

1989

47×70

雙雙對對

1992

39×46

雙鹿

1992

60×97

山君
1985
96×59

山君
丙八五冬、
塵佑

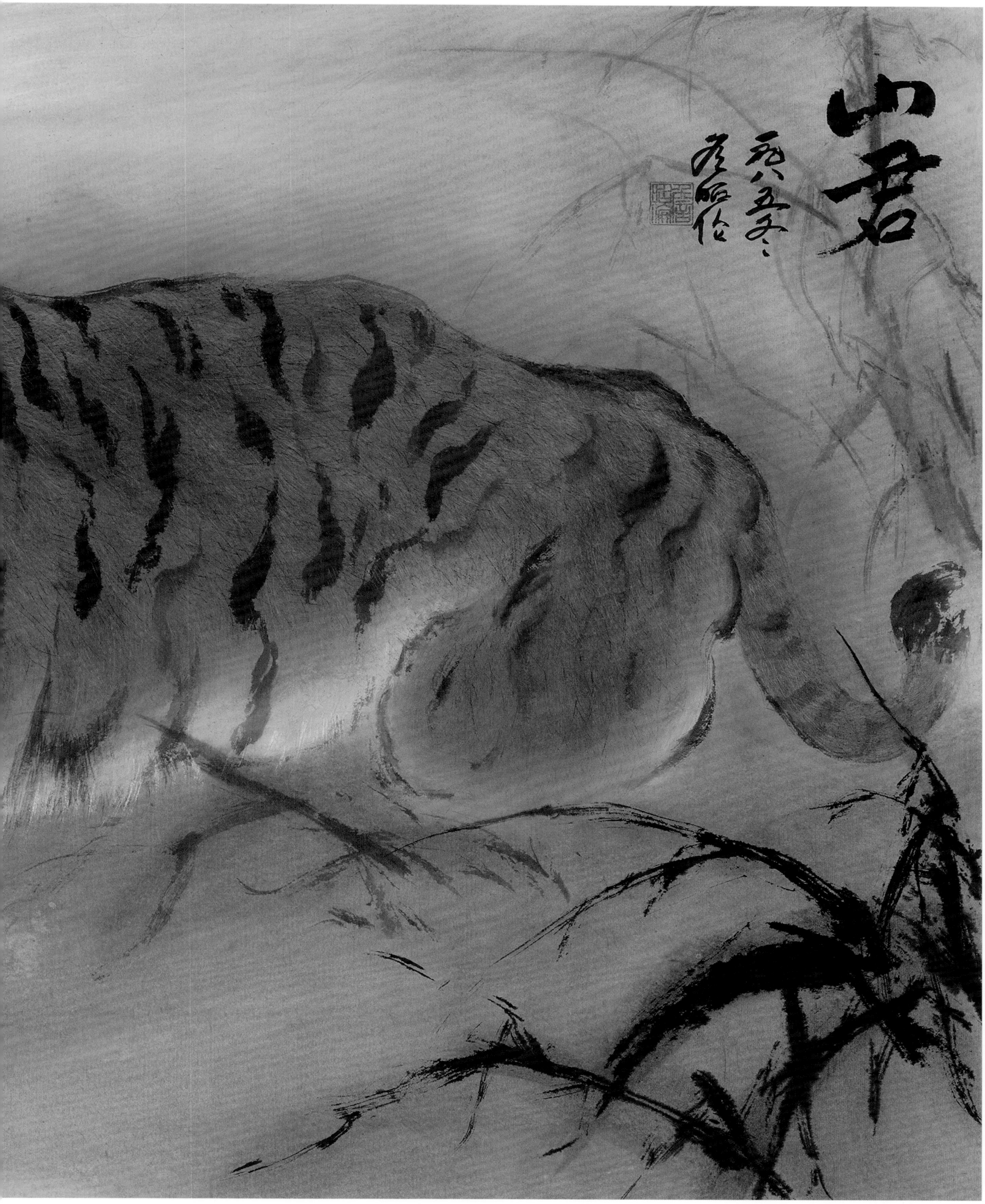

年年有餘

2006

53×59

魚樂圖

1990

60×47

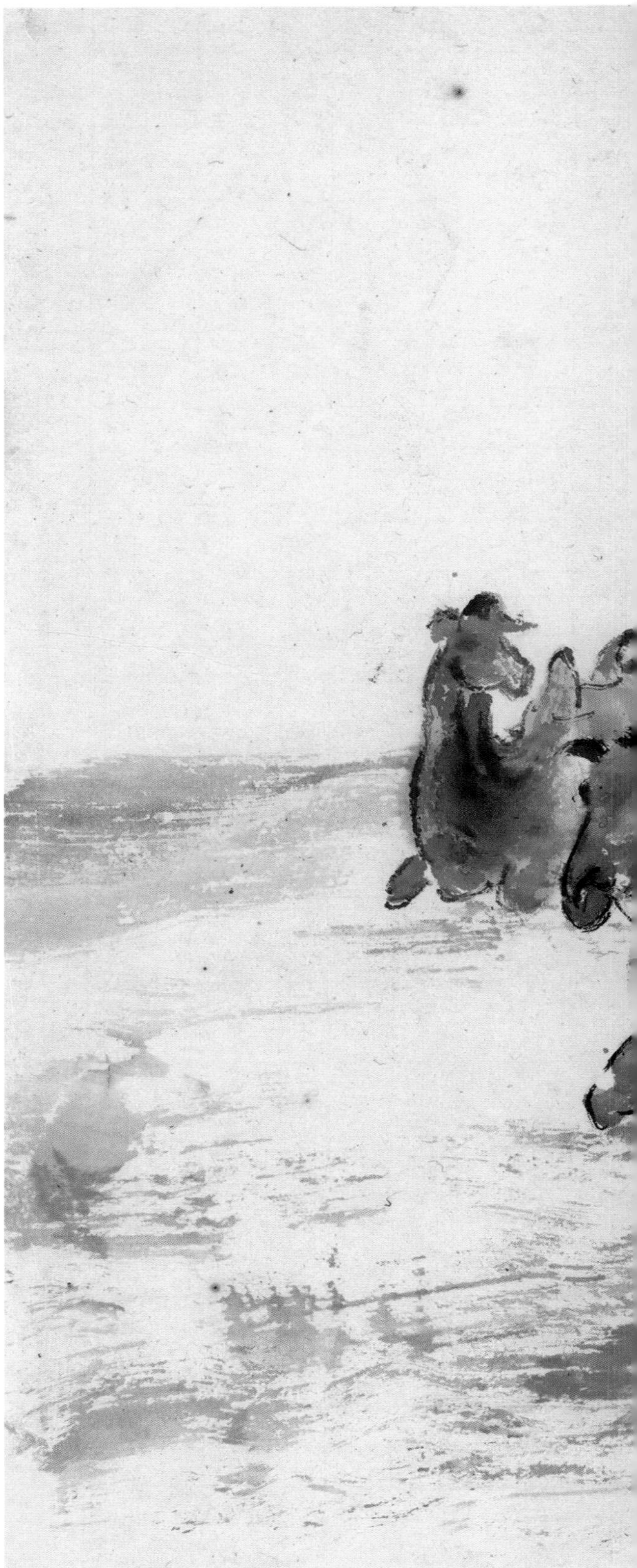

魚兒戲柳
1991
33×97

沙漠之舟

1990

50×59

好鳥墨運極佳

1980　43.5×71

梅雀圖
1990
36×48

好朋友

2015

37.5×48

灰面鷲過境蘭嶼

1982

47×37.5

草澤仙姬

1996

83×58.5

驊騮開道路

47×68

賀壽
65×70.5

松鶴延年
1996
78×101

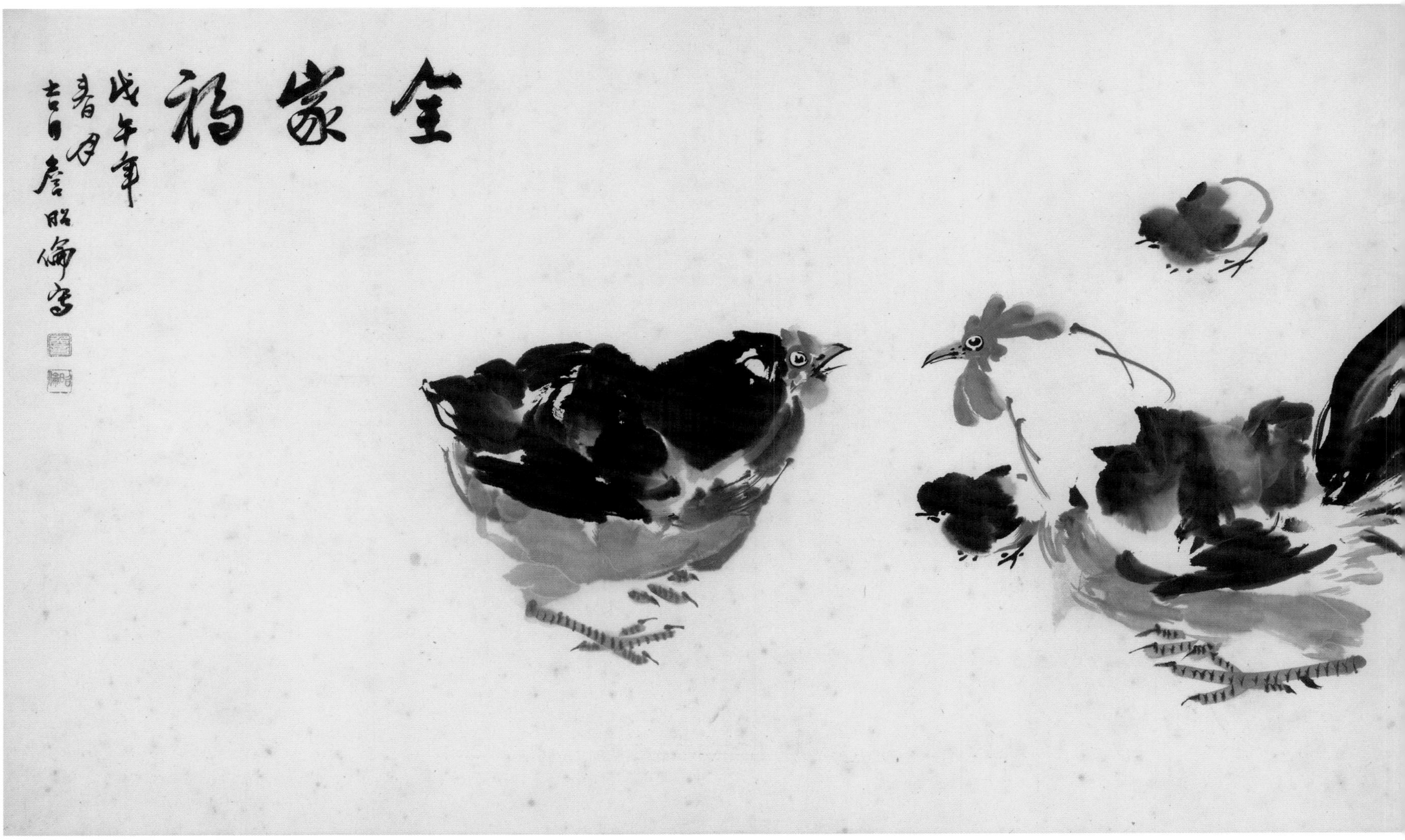

全家福

136×67

群鶴飛來寶島金山

2007

47×54

封侯
1996
143×77

感謝

當開始在詹老師淡水的工作室學畫時，真的百般天人交戰，感覺從文山區每週路途遙遠的往返，能撐多久，從民國一○○年到現在也八年了。除了詹老師的畫藝精湛堪與歐豪年老師一樣是國寶級大師外，最讓我心服的還有他時時刻刻存著感恩的心與高風亮節的情懷。

老師常說：「在徐谷菴老師那邊學了10年，沒有畫一張完整的畫，每天魔鬼訓練基本功，但是現在很感謝徐老師，現在信手拈來都是國寶級的作品。」去上課時，老師說：「文化是很重要的，現在高風亮節、四君子這種題裁的作品已經很少看到了，但是這些就是做人的根本。要淨化社會提昇心靈層次，來欣賞這些畫，一定會有所觸動，進而產生好的感受。」希望此次的畫展，大家都獲得深刻的喜悅。

詹老師最常提起的是在追隨15年學習國畫的歐豪年老師。歐老師帶詹老師進入嶺南派的世界，對於空間的透視，別有一番獨到的領悟。由其是大山大水詮釋起來，就是能與欣賞者互動，感受到親臨實境的秀麗壯闊。因此，他特別感念歐老師的啟發，推崇他「三千年一豪年」。

藝術是富有變化而美，自詡擁有數十年功力的「老妖怪」，希望同學都能將零碎的時間都用來練基本功，也為這美好的世界留下一幅國寶畫作。

在這繁忙的時代，對於辦畫展的素人來說，可以將這本畫冊付梓，真的是極不容易，在此要感謝協力廠商及贊助人的支持，謹羅列於后，代表老師與同學致上十二萬分的謝意。

詹昭倫八十五回顧展策畫人 林燕娟 謹誌

協力廠商

國立中正紀念堂
儒墨堂文化事業有限公司
紋傳股份有限公司
龍虎電腦排版股份有限公司
天藍彩色印刷股份有限公司
山水藝術有限公司
日光彩色印刷有限公司

贊助人

至盛工業股份有限公司
財團法人信業希望教育基金會
吳桂英、吳水井、林燕娟
鄭麗鎔、張桂鳳、釋明賢

國家圖書館出版品預行編目（CIP）資料

詹昭倫八十五回顧展 / 詹昭倫作 . -- 初版 . --
新北市 : 信業希望教育基金會 , 2020.01
面；　公分
ISBN 978-986-95224-1-0（精裝）

1. 中國畫　2. 畫冊

945.6　　109000244

詹昭倫八十五回顧展

展覽期間：民國 109 年 1 月 31 日至 2 月 9 日
展覽地點：國立中正紀念堂第四展廳
展覽內容：水墨畫

出版及發行人：財團法人信業希望教育基金會
展出人：詹昭倫　策畫：林燕娟
掃描：紋傳股份有限公司
美編：龍虎電腦排版股份有限公司
印刷：天藍彩色印刷股份有限公司
出版日期：2020 年 1 月
版次：初版一刷
定價：新台幣壹仟貳佰元
ISBN：978-986-95224-1-0

詹昭倫
251 新北市淡水區水源街一段 143 巷 5 號 1 樓
電話：(02)2626-5637

財團法人信業希望教育基金會林燕娟
242 新北市新莊區中正路 702-3 號 3 樓
電話：(02)2908-1919．applecpalin@gmail.com

紋傳股份有限公司
106 台北市大安區建國南路二段 187 號 1 樓
電話：(02)2708-1288

龍虎電腦排版股份有限公司
235 新北市中和區建一路 7 號 2 樓
電話：(02)8221-8866

天藍彩色印刷股份有限公司
231 新北市新店區中正路四維巷 2 弄 1 號 1 樓
電話：(02)2218-5668